Jade et les lettres dansantes

Stéphanie. L

Loi n°49-956 du 16 juillet 1949 sur les publications destinées
à la jeunesse

© 2025 Stéphanie. L

Édition : BoD · Books on Demand, 31 avenue Saint-Rémy, 57600 Forbach,
bod@bod.fr
Impression : Libri Plureos GmbH, Friedensallee 273, 22763 Hamburg
(Allemagne)

Illustration © Canva Stéphanie. L

ISBN: 978-2-8106-2696-0

Dépôt légal: Mars 2025

Le Code de la propriété intellectuelle et artistique n'autorisant, aux termes des alinéas 2 et 3 de l'article L.122-5, d'une part, que les « copies ou reproductions strictement réservées à l'usage privé du copiste et non destinées à une utilisation collective » et, d'autre part, que les analyses et les courtes citations dans un but d'exemple et d'illustration, « toute représentation ou reproduction intégrale, ou partielle, faite sans le consentement de l'auteur ou de ses ayants droit ou ayants cause, est illicite » (alinéa 1er de l'article L. 122-4). Cette représentation ou reproduction, par quelque procédé que ce soit, constituerait donc une contrefaçon sanctionnée par les articles L. 335-2 et suivants du Code de la propriété intellectuelle

Dans la savane ensoleillée vit une petite zébrette nommée Jade.

Jade est pleine de vie et d'imagination.

Elle adore jouer avec ses amis, courir dans la savane et écouter les histoires des animaux plus âgés.

Mais Jade a un problème : les lettres dansent devant ses yeux quand elle essaie de lire.

Chaque fois qu'elle ouvre un livre, les lettres semblent s'animer.

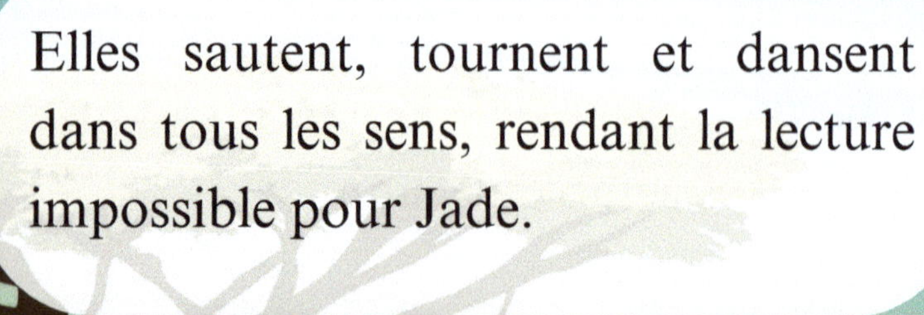

Elles sautent, tournent et dansent dans tous les sens, rendant la lecture impossible pour Jade.

Elle est triste et fâchée, car elle rêve de savoir lire comme les autres de son âge.

Un jour, Jade rencontre une vieille gazelle nommée Lola.
Lola est connue pour sa patience et sa compréhension.

Jade lui raconte ses problèmes et pourquoi elle est triste.

Lola l'écoute et lui dit :

– Jade, ne t'inquiète pas. Il y a pleins de façons d'apprendre à lire même avec les lettres qui dansent.

Lola enseigne à Jade des techniques spéciales pour calmer les lettres et les aider à rester en place.

Elle lui apprend aussi des exercices pour améliorer sa concentration et sa mémoire.

Jade est déterminée à apprendre à lire et elle pratique chaque jour avec Lola.

Petit à petit, les lettres dansantes commencent à se calmer. Jade peut enfin lire quelques mots, puis quelques phrases.

Elle est tellement fière de ses progrès !
Elle peut enfin découvrir les histoires
merveilleuses cachées dans les livres.
Elle imagine un tas d'aventures.

Jade comprend que sa différence n'est pas un problème, mais une chance. Elle apprend à utiliser ses difficultés pour développer de nouvelles compétences et voir le monde d'une manière unique.

Jade devient une lectrice passionnée
et partage son amour des livres avec
les autres animaux de la savane.

Jade comprend que même si on rencontre des difficultés, avec de la patience et de la détermination, on peut surmonter les obstacles et apprendre de nouvelles choses.

Le zèbre
La zébresse

Le zébron
La zébrette

Jade est une petite zébrette un peu différente des autres. Elle adore écouter des histoires, mais quand elle ouvre un livre pour lire, les lettres bougent et sautent dans tous les sens !

Un jour, elle rencontre Lola, une gentille gazelle, qui lui montre des astuces pour calmer les lettres et se concentrer.

Avec du courage, Jade va comprendre que sa différence n'est pas un problème. Au contraire, avec du courage et du travail, on peut y arriver.